친절한 캘리그라피 교과서

잘 펴지고,
잘 써지는 쓰기 노트

개정판

김진경 지음

터닝
포인트

친절한 캘리그라피 교과서 잘 펴지고, 잘 써지는 쓰기 노트 활용법

본 책에 있는 캘리그라피 쓰기 연습 예제를 붓펜과 딥펜, 만년필을 활용하여 간편하고 쉽게 연습할 수 있는 쓰기 노트입니다. 기본획과 단어, 문장 순서대로 연습 할 수 있습니다. 붓펜, 만년필, 마카펜은 노트에 제시되어 있는 브랜드 이외에도 다양한 브랜드의 펜을 사용하여 연습해도 됩니다. 딥펜 또한 다양한 펜촉을 사용해도 좋습니다.

친절한 캘리그라피 교과서 잘 펴지고, 잘 써지는 쓰기 노트 목차

01 붓펜 캘리그라피 기본획 쓰기

★ 재료 : 펜텔 붓펜(쿠레타케 22호) | 본문 : 221쪽

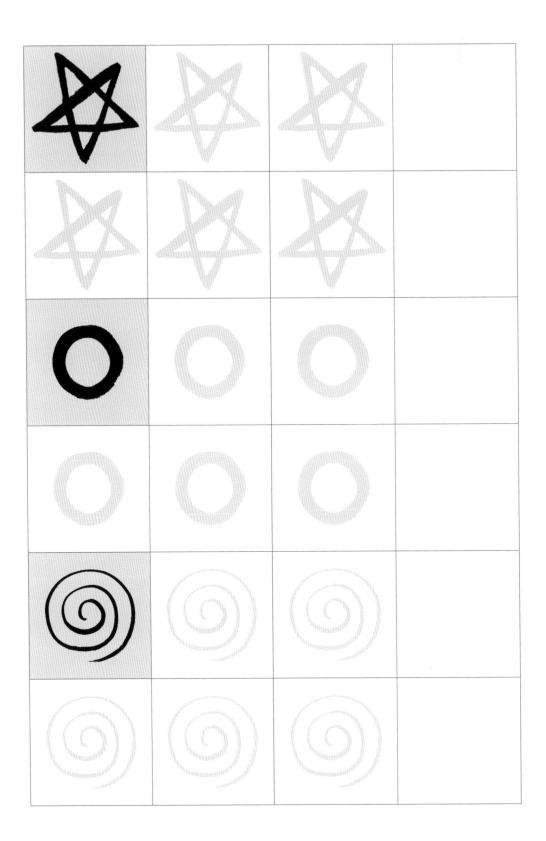

붓펜 캘리그라피 한글 자음 쓰기

★ 재료 : 펜텔 붓펜(쿠레타케 22호) | 본문 : 222~224쪽

ㄷ

ㄹ

ㅂ

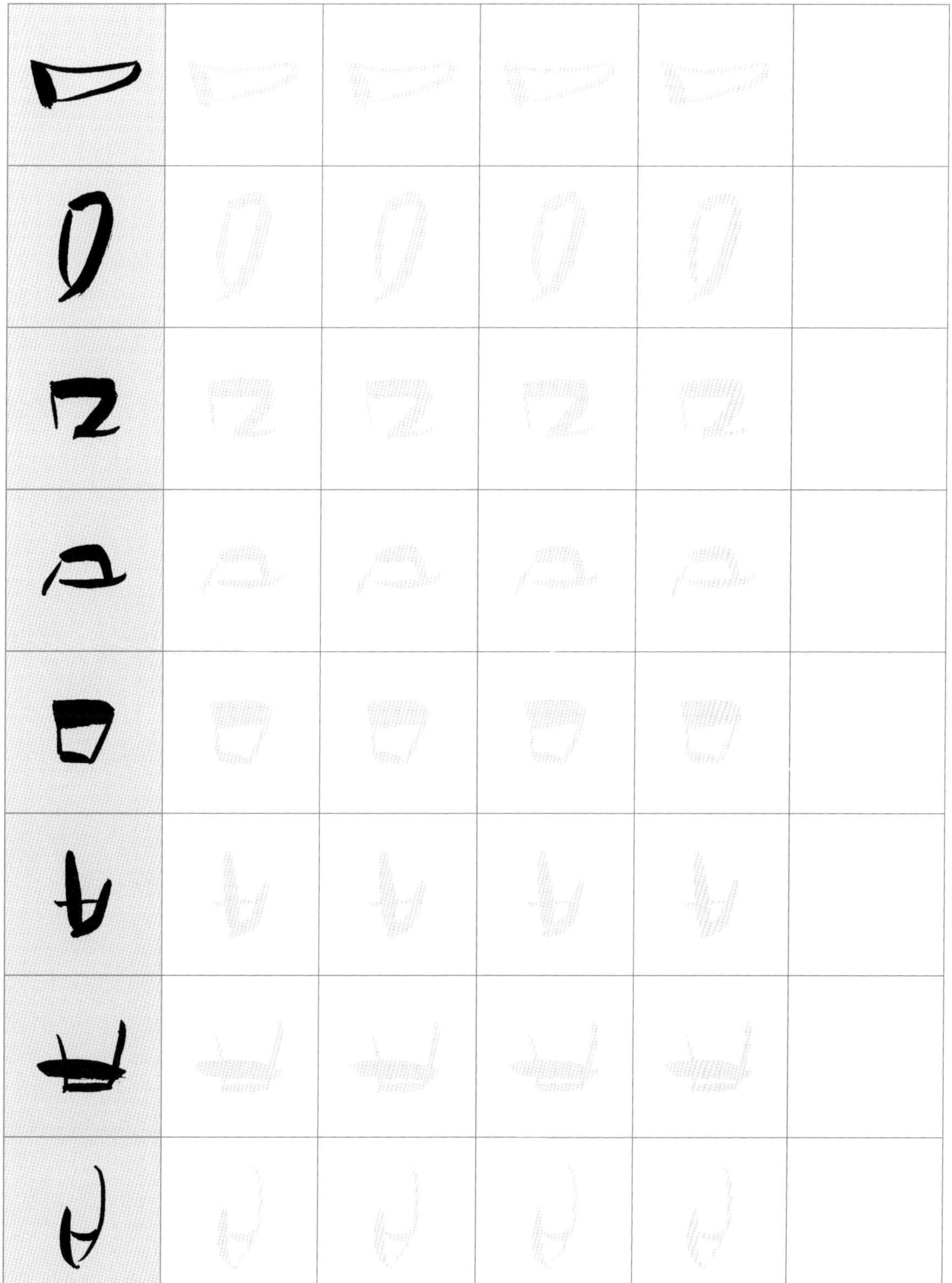

人

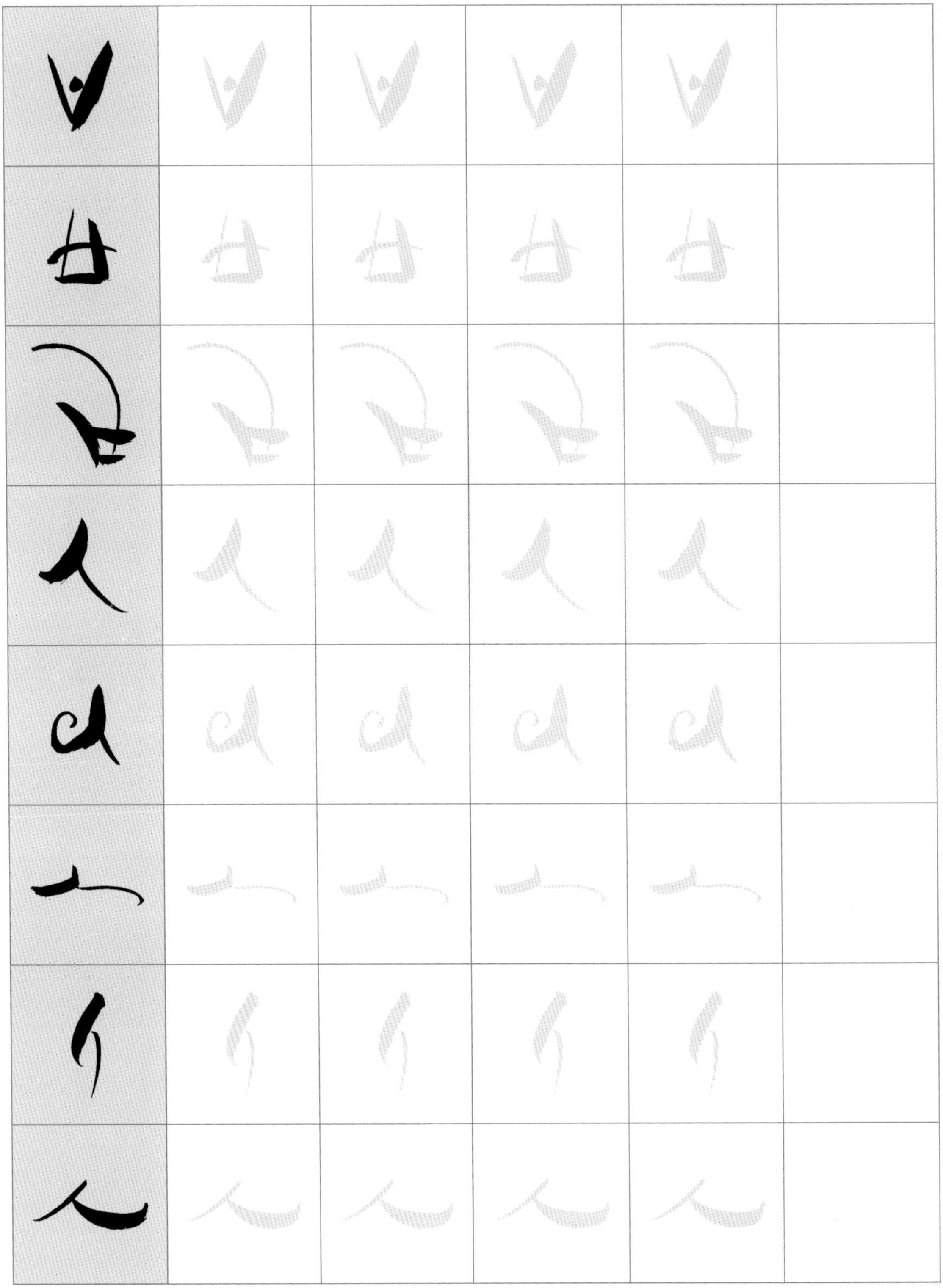

ㅇ

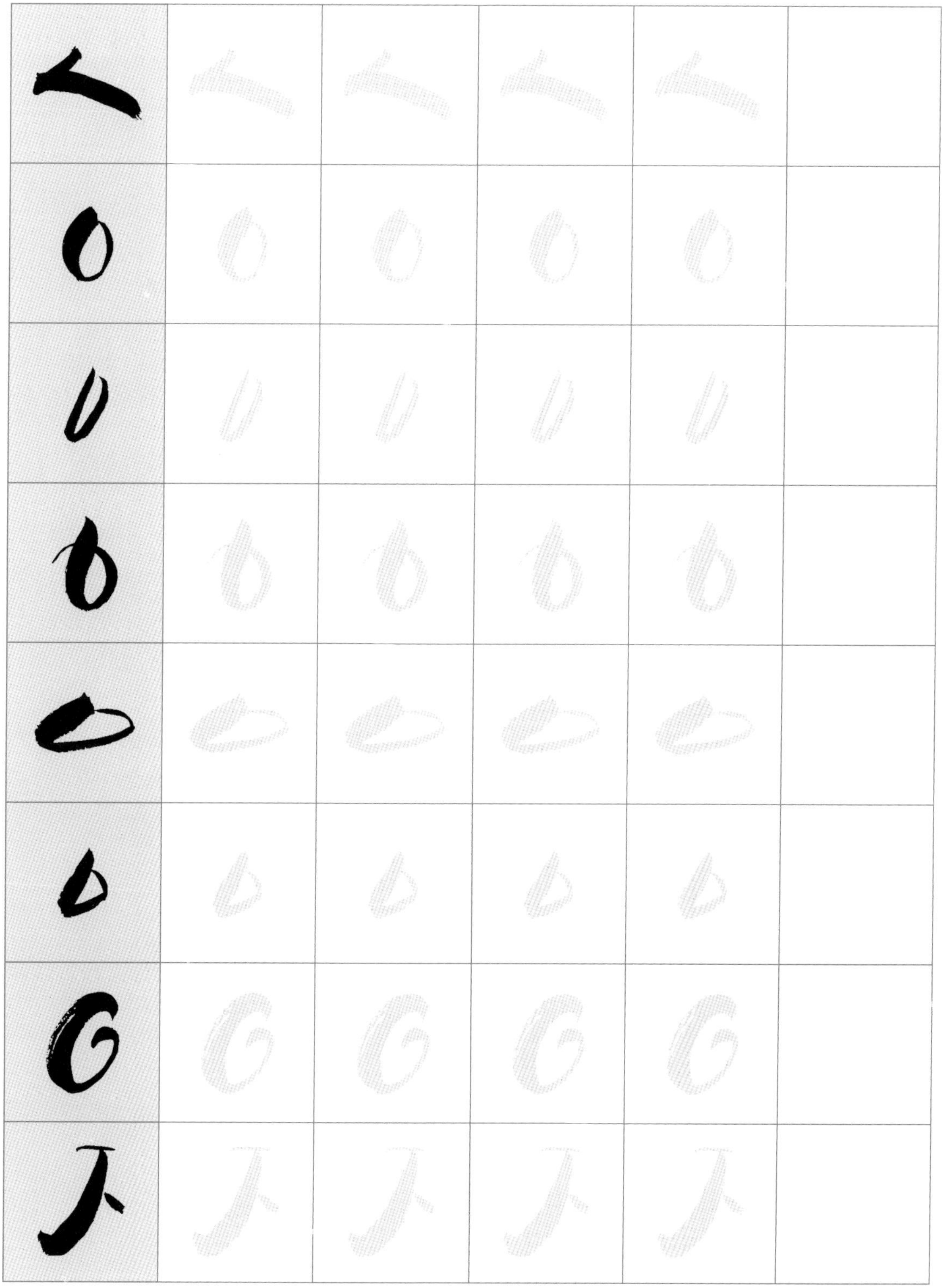

ㅅ

え

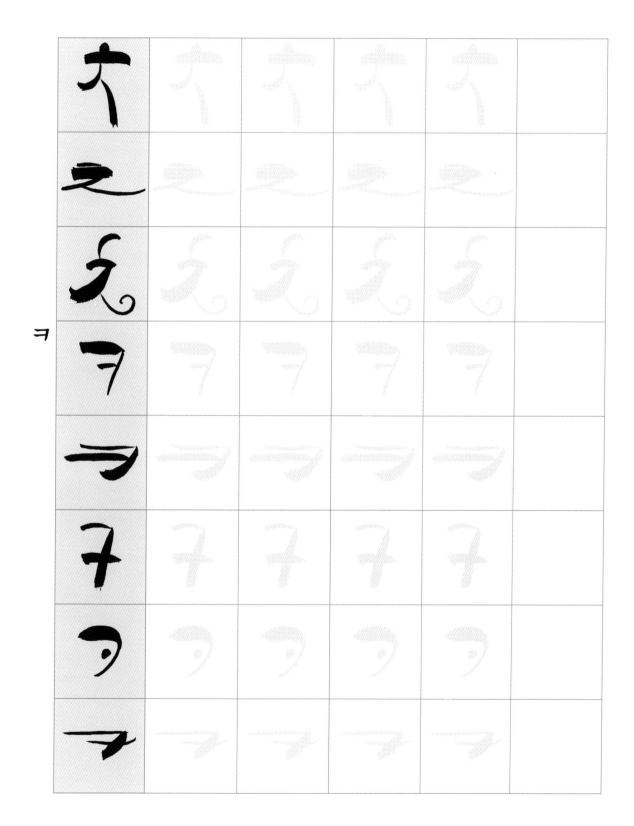

ヲ

ㅌ

ㅍ

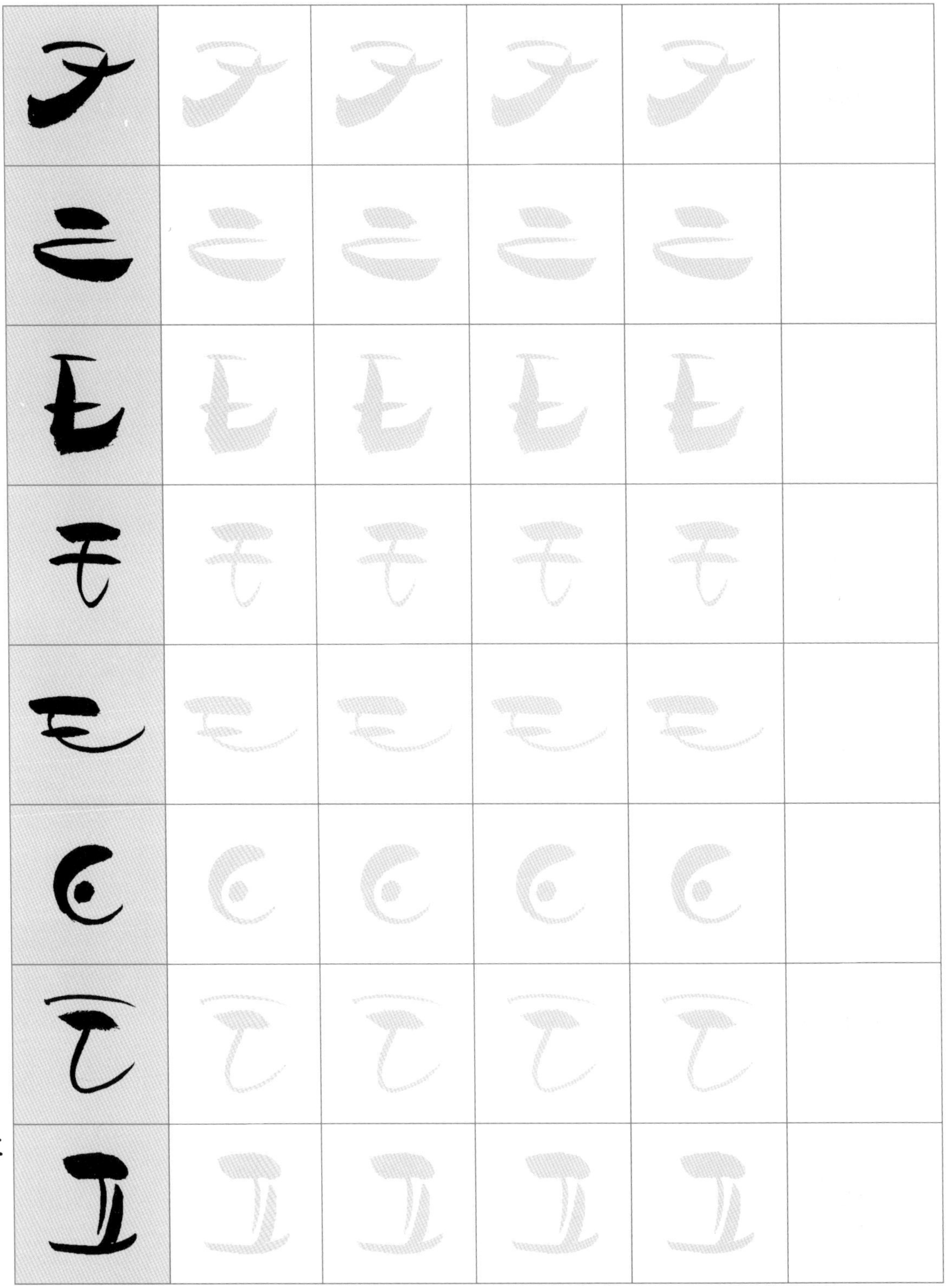

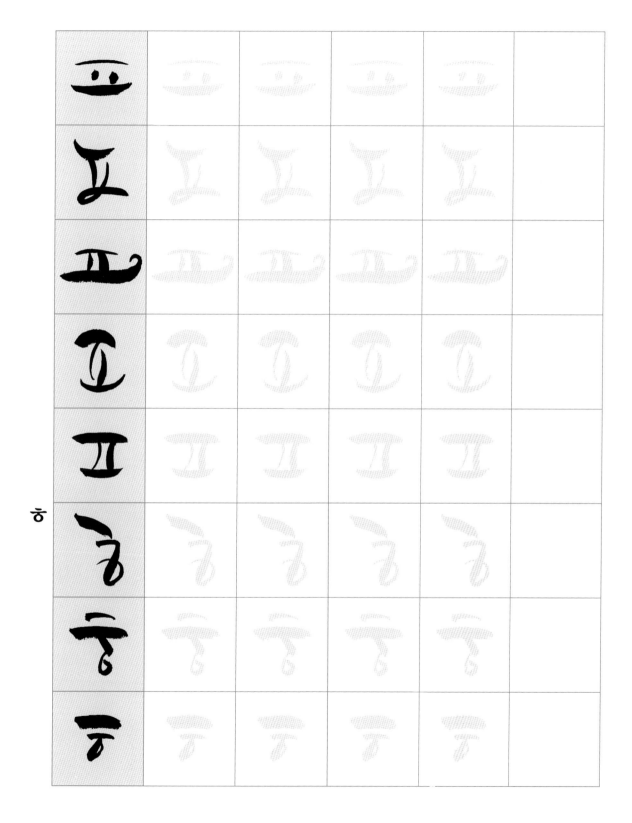

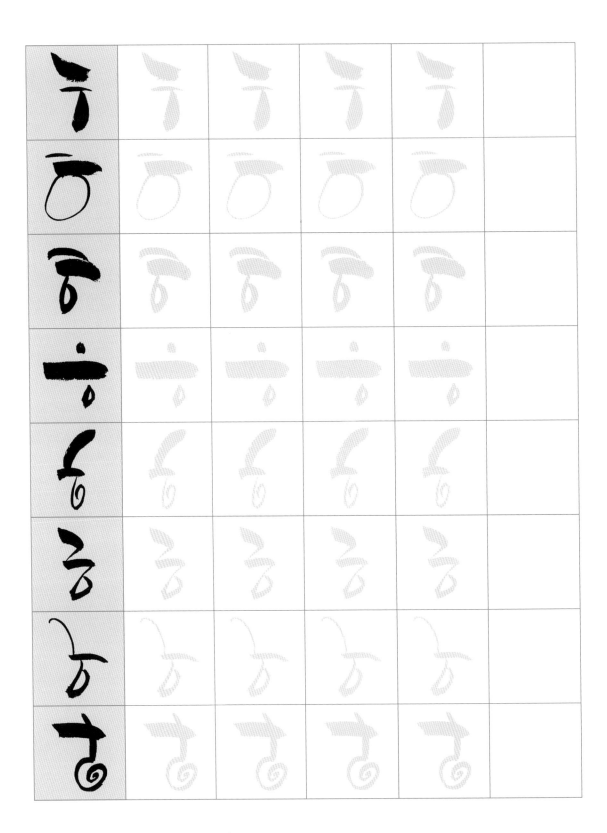

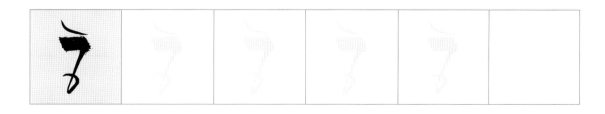

03 붓펜 캘리그라피 한글 모음 쓰기

★ 재료 : 펜텔 붓펜(쿠레타케 22호) | 본문 : 225~226쪽

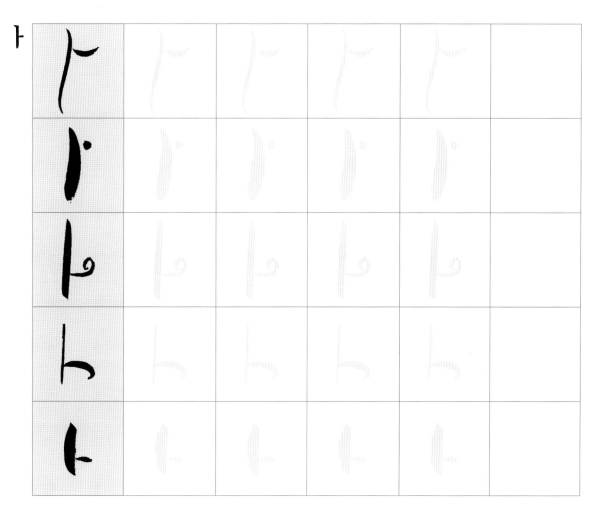

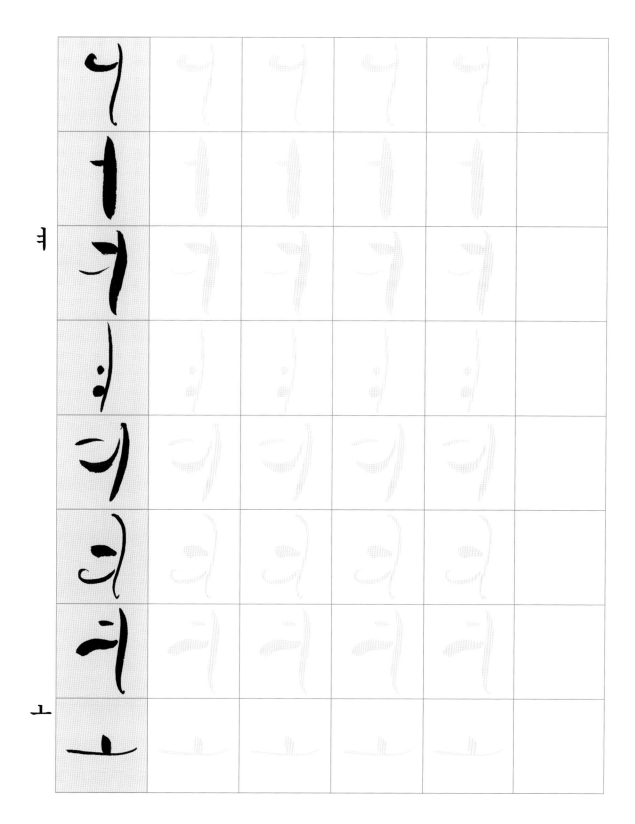

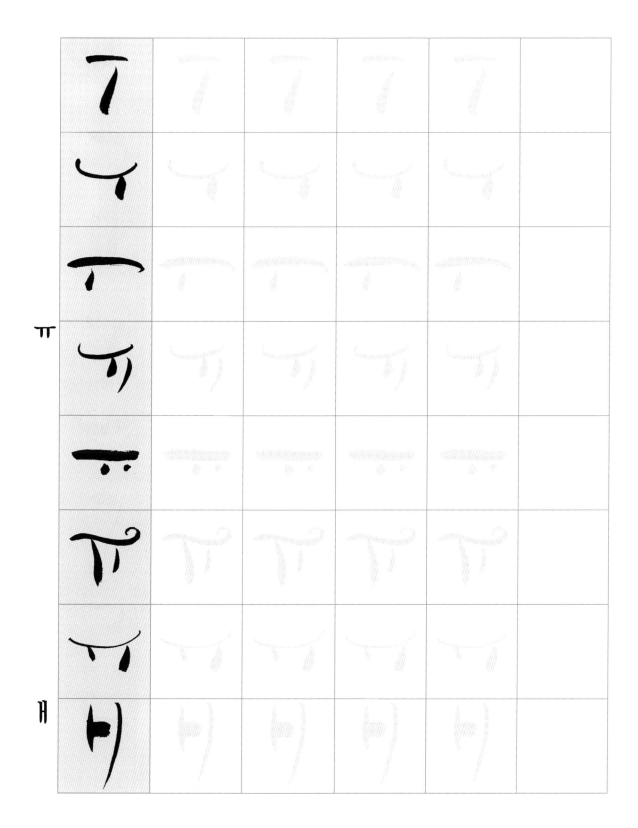

ㅒ

ㅖ

ㅟ

ㅚ

ㅢ

ㅘ

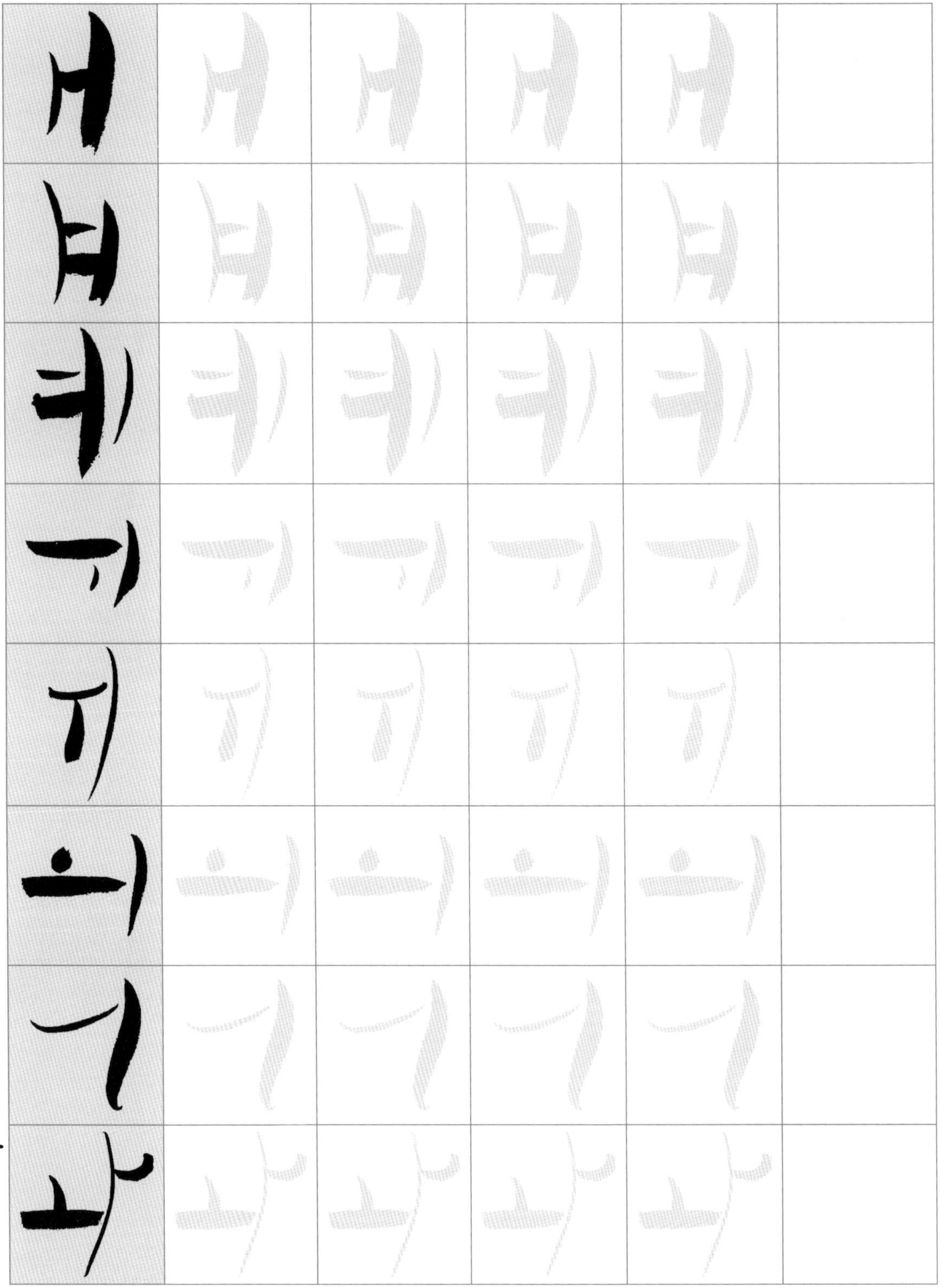

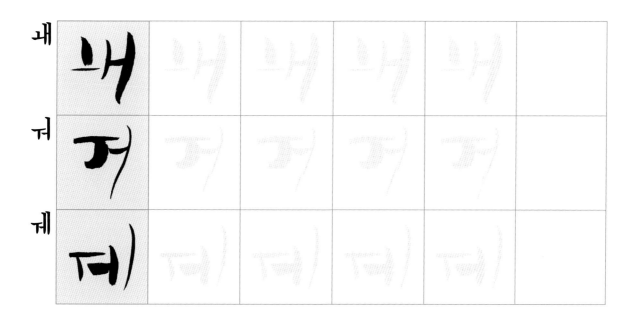

04 붓펜 캘리그라피 한글 한 글자 단어 쓰기

★ 재료 : 펜텔 붓펜(쿠레타케 22호) | 본문 : 226~227쪽

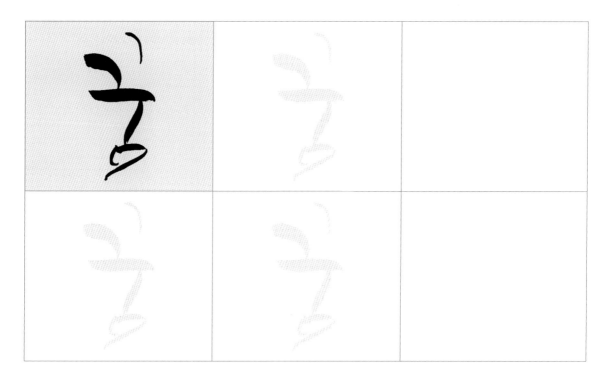

강

별

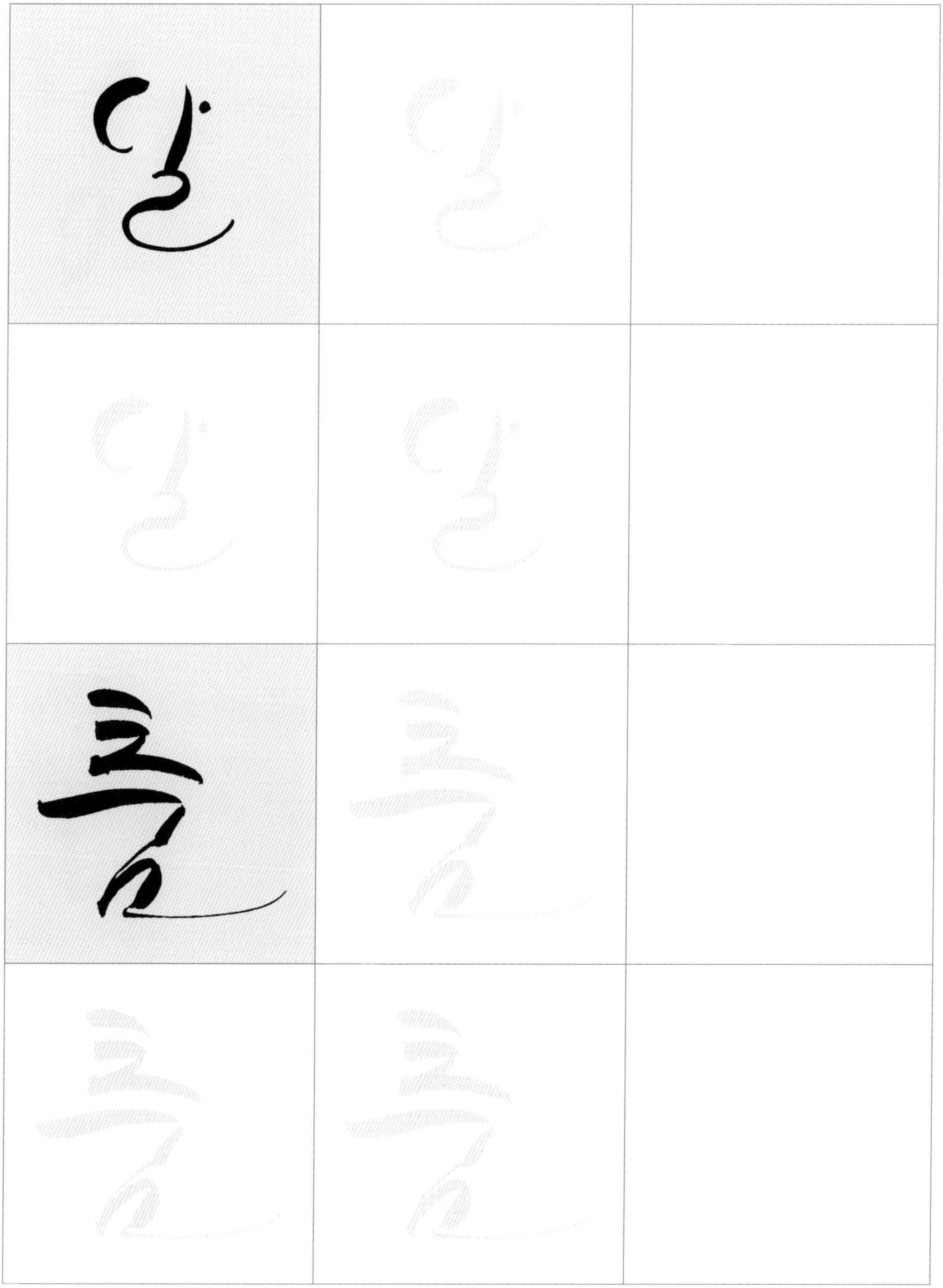

★ **재료** : 펜텔 붓펜(쿠레타케 22호) | **본문** : 227쪽

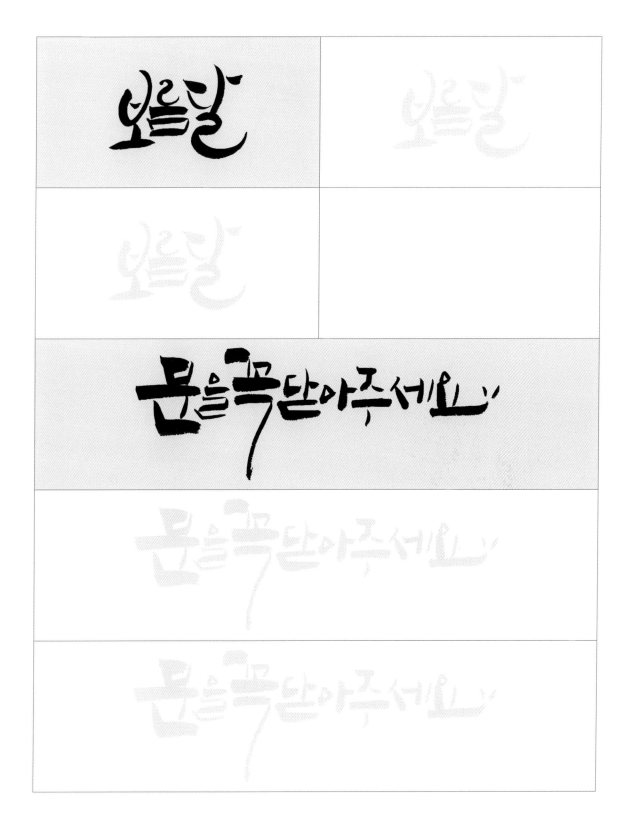

감기조심하세요

사랑하는 사람들과 행복가득한
새해맞이하세요

사랑하는 사람들과 행복가득한
새해 맞이하세요

사랑하는 사람들과 행복가득한
새해 맞이하세요

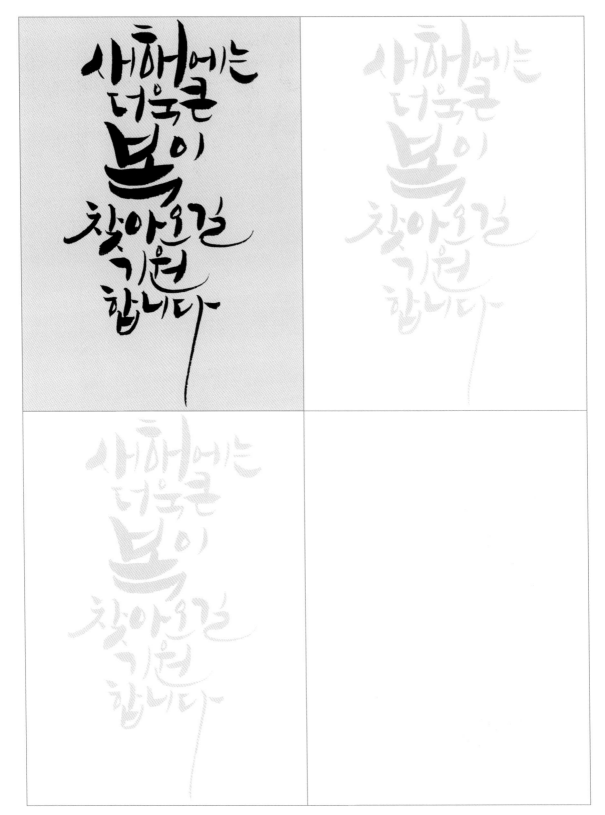

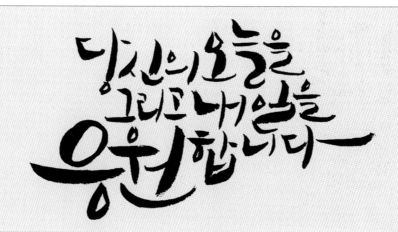

당신의 오늘을
그리고 내일을
응원합니다

꿈을 위해
열정을 갖고
행동하자

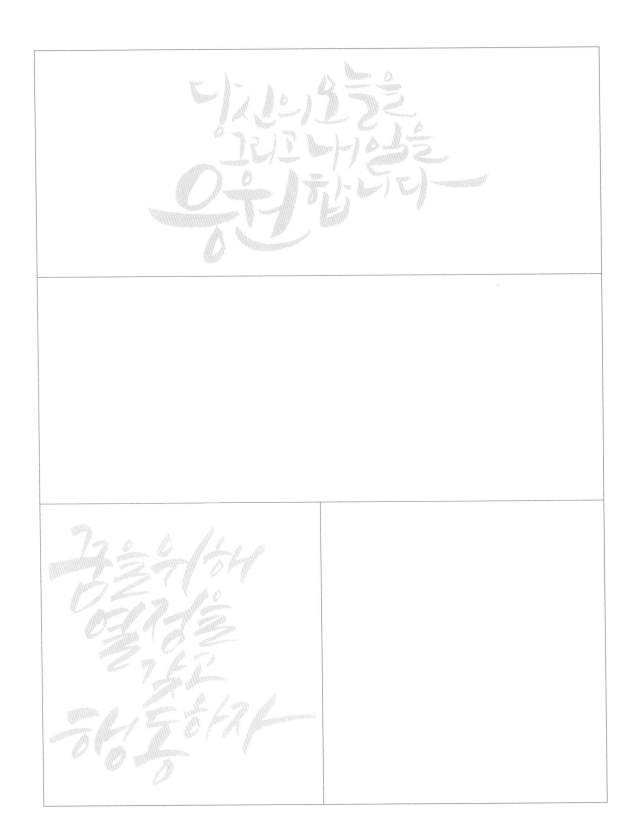

마카펜 캘리그라피 기본획 쓰기

★ 재료 : 지그 캘리그라피 마카펜 35mm | 본문 : 232쪽

봄	봄	봄	봄	
여름	여름	여름	여름	
가을	가을	가을	가을	
겨울	겨울	겨울	겨울	
따뜻한 하루 보내세요				
따뜻한 하루 보내세요				

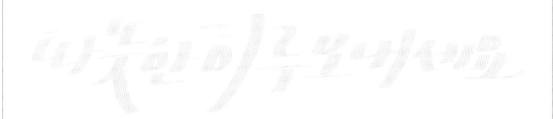

★ 재료 : 지그 컬리그라피 마카펜 2.0mm+3.5mm

솔이의
첫번째
생일을
많이
많이
축하해 ♡

흙속의
저바람속에
사랑은
많이많이
주야에
♥

흙속의
저바람속에
사랑은
많이많이
주야에
♥

036

★ 재료 : 지그 캘리그라피 마카펜 2.0mm

생일을
진심으로
축하해요

딥펜 캘리그라피 납작 펜촉 기본획 쓰기

★ 재료 : 스피드볼 C-4 펜촉 | 본문 : 235, 238쪽

★ 본문 : 235(납작 펜촉)

10 딥펜 캘리그라피 납작 펜촉 한글 가나다라 쓰기

★ 재료 : 스피드볼 C-4 펜촉 | 본문 : 238쪽

가나다라마바사아자차카타파하

딥펜 캘리그라피 납작 펜촉 한글자 단어 쓰기

★ 재료 : 스피드볼 C-4 펜촉 | 본문 : 239쪽

꽃	꽃	꽃	
꽃	꽃	꽃	
꽃	꽃	꽃	
꽃	꽃	꽃	
별	별	별	
별	별	별	
별	별	별	

별	별	별	별	
달	달	달	달	
샘	샘	샘	샘	
울	울	울	울	
긍	긍	긍	긍	
밤	밤	밤	밤	
별	별	별	별	

12 딥펜 납작 펜촉으로 한글 단어 쓰기

★ 재료 : 스피드볼 C-4 펜촉 | 본문 : 240쪽

캘리그리피	캘리그리피	캘리그리피
캘리그리피	캘리그리피	캘리그리피
벚꽃여행	벚꽃여행	벚꽃여행
벚꽃여행	벚꽃여행	벚꽃여행

다이아몬드

빵소금

13 딥펜 납작 펜촉으로 한 줄 문장 쓰기

★ 재료 : 스피드볼 C-4 펜촉 | 본문 : 240쪽

큰사람이큰희망을만든다

큰사람이큰희망을만든다

노력은배신하지않는다

노력은배신하지않는다

세상에서
제일
사랑하는
엄마
제일예쁜
내엄마♥

오, 바람아
겨울이
온다면
그뒤에는
봄
들이
있지
않겠는가
?

영원히
실컷처럼

꿈꾸면서
오늘당장
죽을것
처럼
살아라

딥펜 캘리그라피 뾰족 펜촉 기본획 쓰기

★ 재료 : 니코 G 펜촉 | 본문 : 236쪽

★ 본문 : 236(뾰족 펜촉)

딥펜 뾰족 펜촉으로 한글 단어 쓰기

★ 재료 : 니코 G 펜촉 | 본문 : 241쪽

★ 본문 : 236(뾰족펜촉)

로맨틱

로맨틱

로맨틱

제주도

제주도

제주도

별밤

별밤

별밤	별밤	
알콩달콩	알콩달콩	
알콩달콩	알콩달콩	
초예미	제주도	
별밤	알콩달콩	

17 딥펜 뾰족 펜촉으로 한 줄 문장 쓰기

★ 재료 : 니코 G 펜촉 | 본문 : 241쪽

순간을 즐겨라

순간을 즐겨라

순간을 즐겨라

부족함을 채워가는 것이 행복이다

부족함을 채워가는 것이 행복이다

나무들 사이를 거닐며
나는 벌써 여기까지 자랐습니다

나무들 사이를 거닐며
나는 벌써 여기까지 자랐습니다

나무들 사이를 거닐며
나는 벌써 여기까지 자랐습니다

나는 언제나
한쪽편
꽃보다
꽃봉오리를
소유보다
희망을
사랑한다

그칠 줄
모르고
타는
나의 가슴은
누구의
밤을 지키는
약한
등불입니까

딥펜 캘리그라피 둥근 펜촉 기본획 쓰기

★ 재료 : 스피드볼 B-4 펜촉 | 본문 : 236쪽

★ 본문 : 236(둥근 펜촉)

딥펜 둥근 펜촉으로 한글 단어 쓰기

★ 재료 : 스피드볼 B-4 펜촉 | 본문 : 242쪽

★ 본문 : 242(둥근 펜촉)

담쟁이

뭉게구름

21 딥펜 둥근 펜촉으로 한 줄 문장 쓰기

★ 재료 : 스피드볼 B-4 펜촉 | 본문 : 242쪽

비밀의화원

비밀의화원

비밀의화원

비밀의화원

당신은할수있어요

당신은할수있어요

22 딥펜 둥근 펜촉으로 줄 바꿈 문장 쓰기

★ 재료 : 스피드볼 B-4 펜촉 | 본문 : 242쪽

지금이순간,
여기,
그리고우리♡

누가
뭐래도
너는
이세상의
유일한
존재야

반짝 반짝 빛나는 너의 삶을 응원해

만년필로 한글 문장 쓰기

★ 재료 : 만년필(라미 1.5mm) | 본문 : 244쪽

가장 예쁜 것은
늘 멀리 있다니까

가장 예쁜 것은
늘 멀리 있다니까

가장 예쁜 것은
늘 멀리 있다니까

오늘도
나는
누구를 기다려
정거장
가차운
언덕에서
서성
거르게다
아아,
서러움은
오래
거기 남아
있거라

좋은비는
때를
알아
봄이되어
나리네

★ 재료 : 만년필(파일롯 패러렐 1.5mm) | 본문 : 245쪽

사랑은봄에피는꽃과같다

★ 재료 : 만년필(플레티넘 EF) | 본문 : 246쪽

신기하지
않아요?
누군가를
기쁘게
해주려고
무엇이든
할수있다는게
말이에요!

딥펜 영문 이탤릭체 기본획 쓰기

★ 재료 : 딥펜 브라우즈 Bandzug 2mm | 본문 : 294쪽

딥펜 영문 이탤릭체 소문자 쓰기

★ 재료 : 딥펜(브라우즈 Bandzug 2mm 펜촉) | 본문 : 295~297쪽

a			
b			
c			
d			
e			

f f f f

g g g g

h h h h

i i i i

j j j j

k	k	k	k	
l	l	l	l	
m	m	m	m	
n	n	n	n	
o	o	o	o	

p	*p*	*p*	*p*	
q	*q*	*q*	*q*	
r	*r*	*r*	*r*	
s	*s*	*s*	*s*	
t	*t*	*t*	*t*	

_u_	_u_	_u_	_u_	
_v_	_v_	_v_	_v_	
_w_	_w_	_w_	_w_	
_x_	_x_	_x_	_x_	
_y_	_y_	_y_	_y_	
_z_	_z_	_z_	_z_	

A	A	A	A
B	B	B	B
C	C	C	C
D	D	D	D
F	F	F	F

F	F F F	
G	G G G	
H	H H H	
I	I I I	
J	J J J	

K K K K

L L L L

M M M M

N N N N

O O O O

$\mathcal{P}$

$\mathcal{P}$

$\mathcal{Q}$

$\mathcal{R}$

$\mathcal{S}$

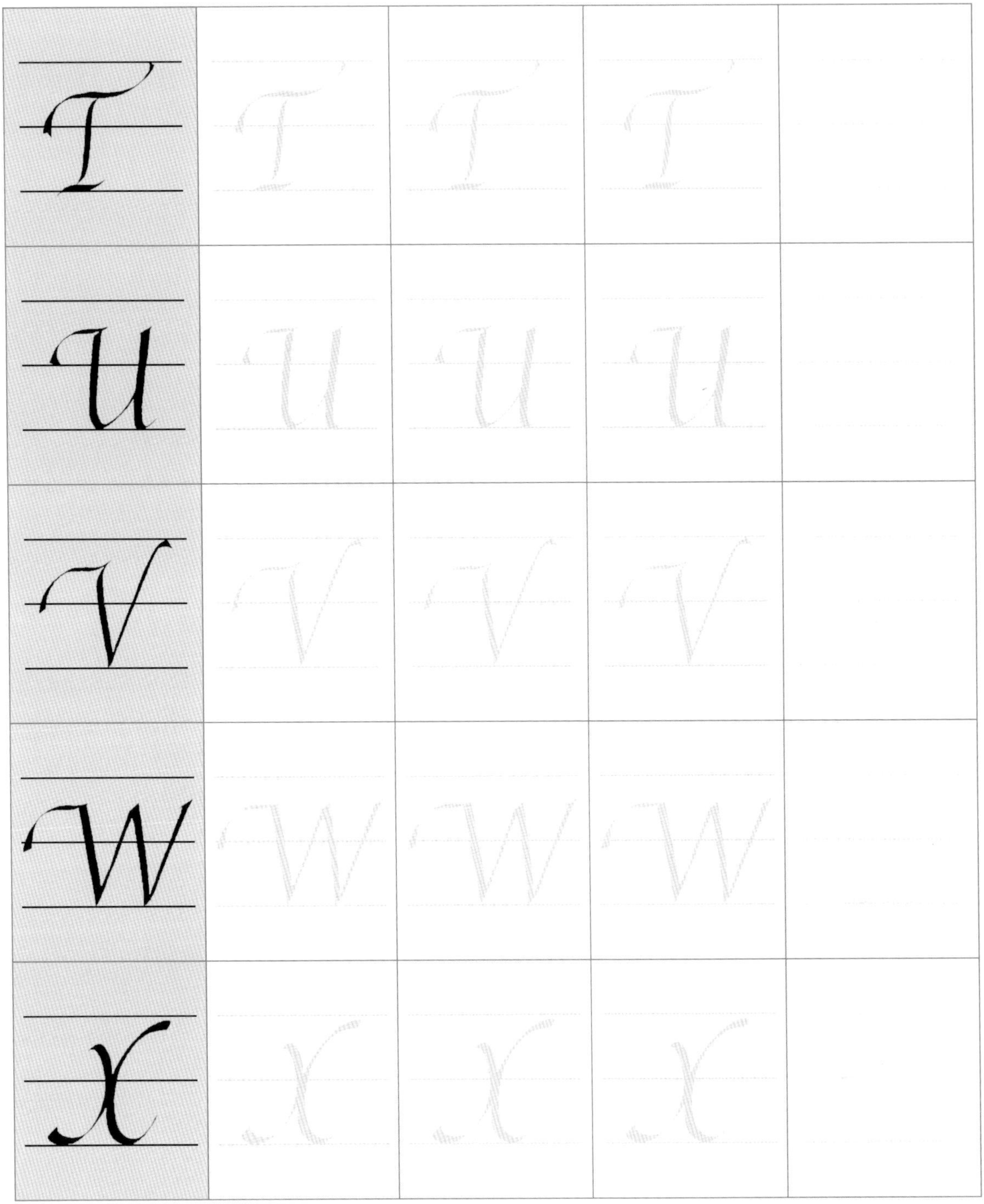
T
U
V
W
X

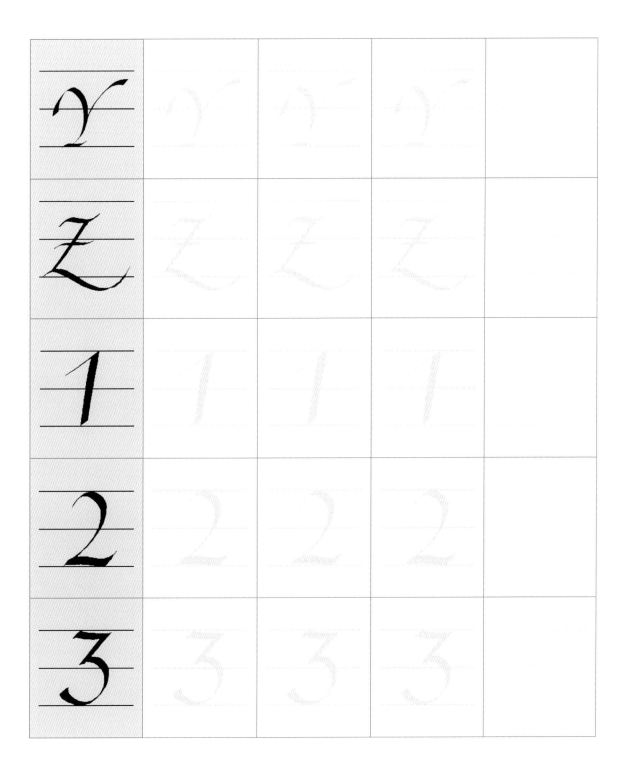

4	4	4	4	
5	5	5	5	
6	6	6	6	
7	7	7	7	
8	8	8	8	

9

0

&

!

?

딥펜 영문 이탤릭체 단어, 문장 쓰기

★ 재료 : 딥펜(브라우즈 Bandzug 2mm 펜촉) | 본문 : 302~304쪽

learn

learn

learn

hope

hope

hope

success

success

success

practice

practice

practice

friends

friends

friends

peace on earth

peace on earth

peace on earth

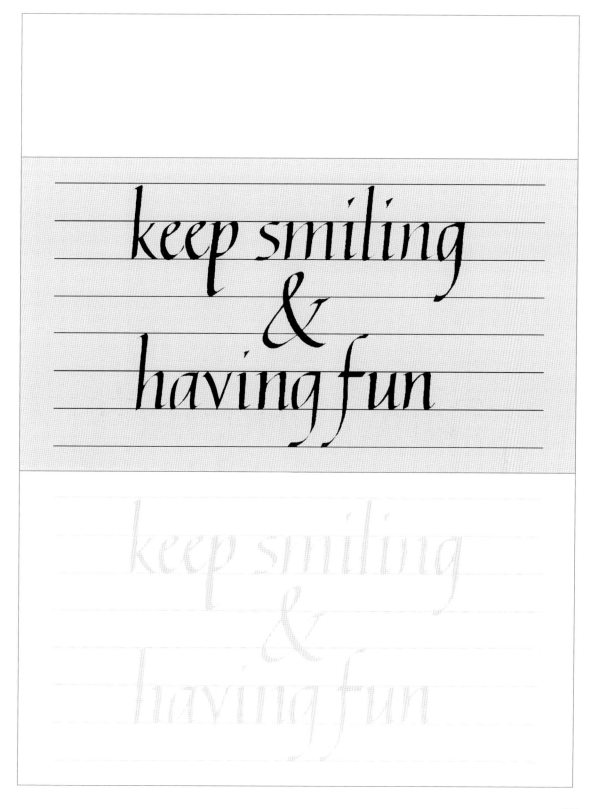

keep smiling
&
having fun

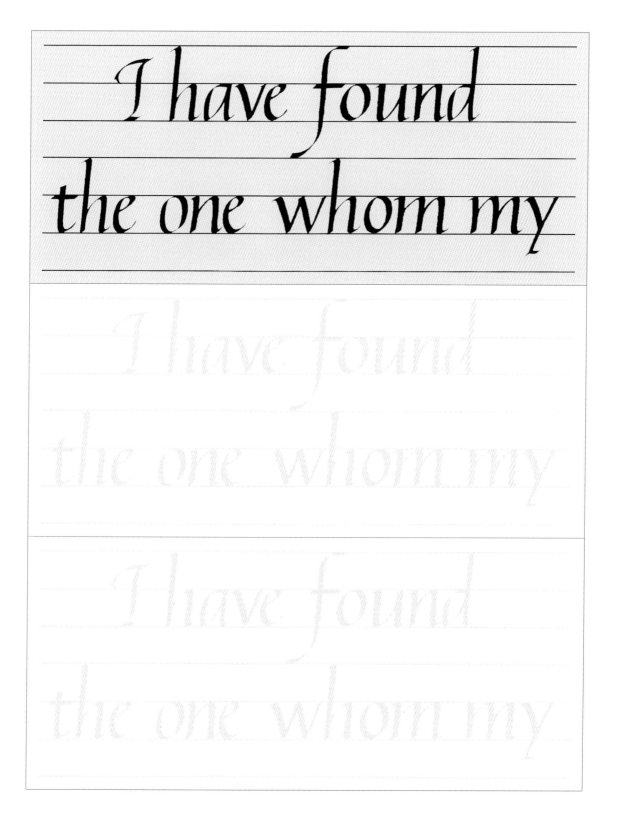

I have found
the one whom my

Don't ask what
meaning of
life is you define it

Don't ask what
meaning of
life is you define it

Don't ask what
meaning of
life is you define it

Life begins at
the end of
your comfortzone

Life begins at
the end of
your comfort zone

딥펜 카퍼플레이트 기본획 쓰기

★ 재료 : 딥펜(헌트 22B(엑스트라파인)) | 본문 : 306쪽

$\mathcal{O}$			
$\mathcal{l}$			
$\mathcal{2}$			
$\mathcal{v}$			

딥펜 카퍼플레이트 영문 소문자 쓰기

★ 재료 : 딥펜(헌트 22B(엑스트라파인)) | 본문 : 307쪽

a	*a*	*a*	
b	*b*	*b*	
c	*c*	*c*	
d	*d*	*d*	
e	*e*	*e*	

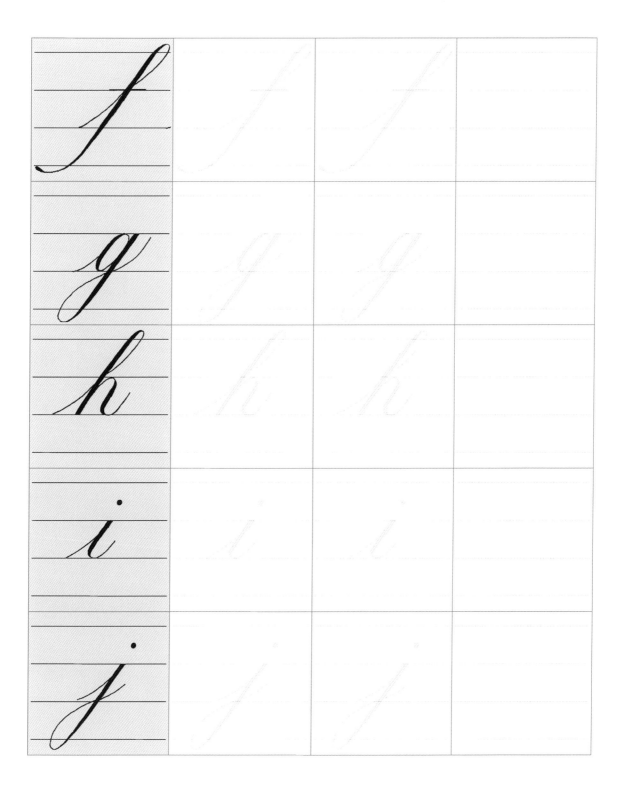

k

l

m

n

o

s

t

u

v

w

x

y

z

딥펜 카퍼플레이트 영문 대문자 및 숫자, 기호 쓰기

★ 재료 : 딥펜(헌트 22B(엑스트라파인)) | 본문 : 309~310쪽

$\mathcal{G}$

$\mathcal{H}$

$\mathcal{I}$

$\mathcal{J}$

$\mathcal{K}$

$\mathcal{L}$

$\mathcal{M}$

$\mathcal{U}$				
$\mathcal{V}$				
$\mathcal{W}$				
$\mathcal{X}$				
$\mathcal{Y}$				
$\mathcal{Z}$				
$\mathcal{1}$				

2	2	2	2	
3	3	3	3	
4	4	4	4	
5	5	5	5	
6	6	6	6	
7	7	7	7	
8	8	8	8	

9

0

?

!

.

,

ex

ea

em

ei

mu

ne

in

re

ri

ru

wi

ow

st	*st*	*st*	
rd	*rd*	*rd*	
sh	*sh*	*sh*	
he	*he*	*he*	

ki

le

be

al

ig

of

jo

op

qu

ry

ze

33 딥펜 장식 기법 플로리싱 구성법

★ 재료 : 딥펜(헌트 22B 엑스트라파인) | 본문 : 314쪽

thank you

thank you

thank you

thank you

Magic

↓

Magic

Magic

Magic

딥펜 카퍼플레이트 영문 단어, 문장쓰기

★ 재료 : 딥펜(헌트 22B 엑스트라파인) | 본문 : 315~318쪽

Lovepoem

Lovepoem

Lovepoem

Lovepoem

Bright

Bright

Bright

Start

Start

Start

Airplane

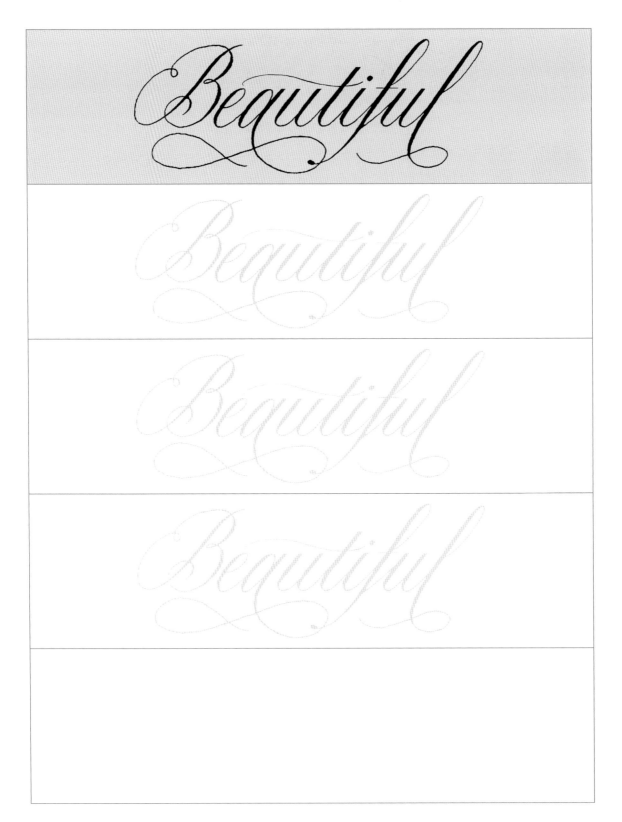

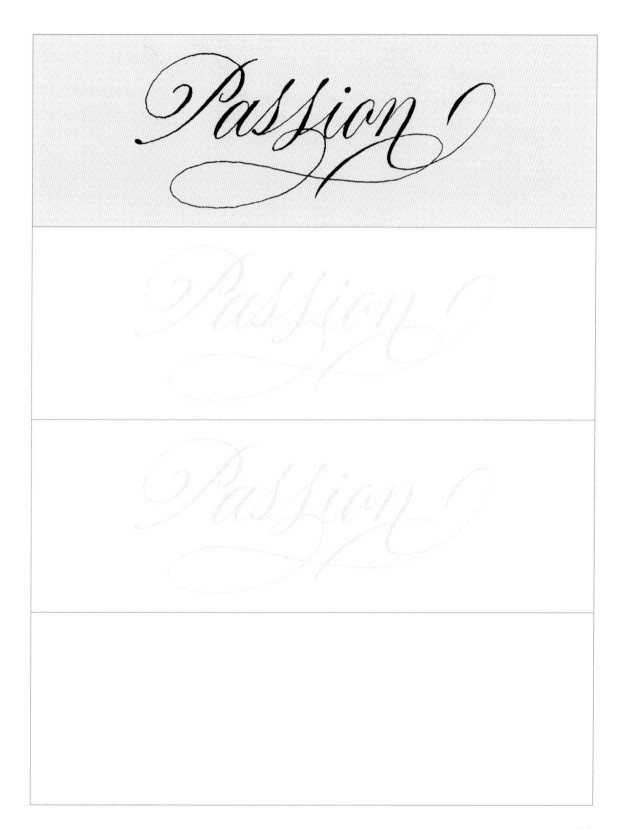

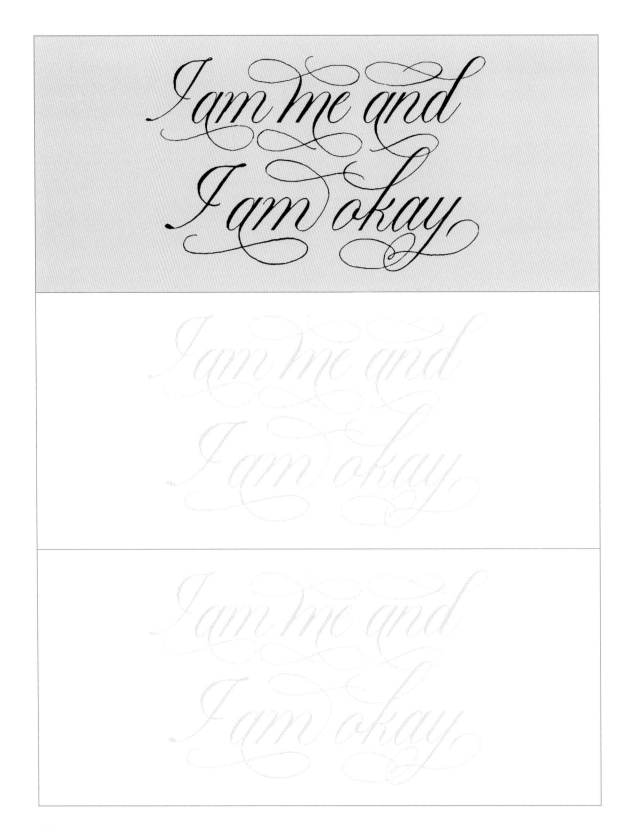

Happy Valentine's Day

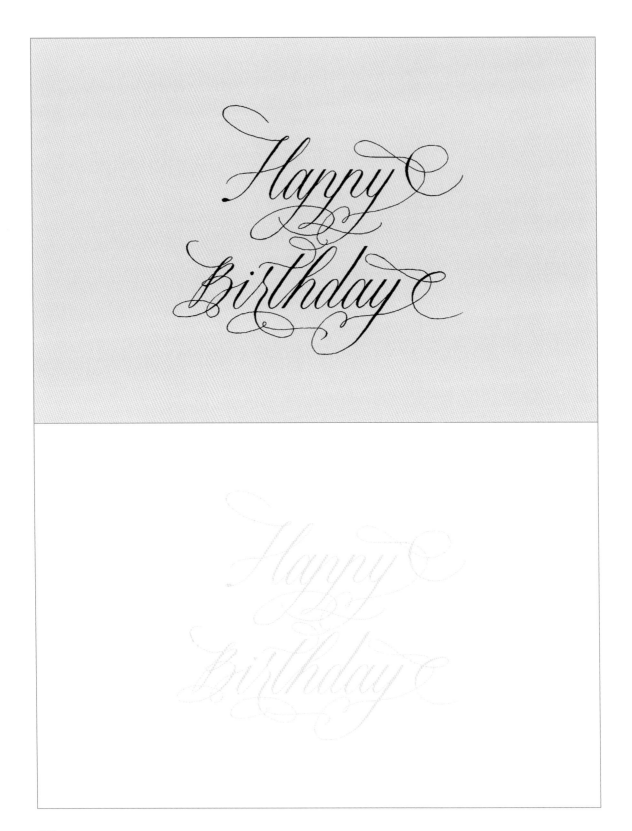

Love is the only force
capable of transforming
an enemy into a friend

Love is the only force
capable of transforming
an enemy into a friend

Love is the only force
capable of transforming
an enemy into a friend

딥펜 모던 영문 캘리그라피 기본획 쓰기

★ 재료 : 딥펜(헌트 22B 엑스트라파인) | 본문 : 320쪽

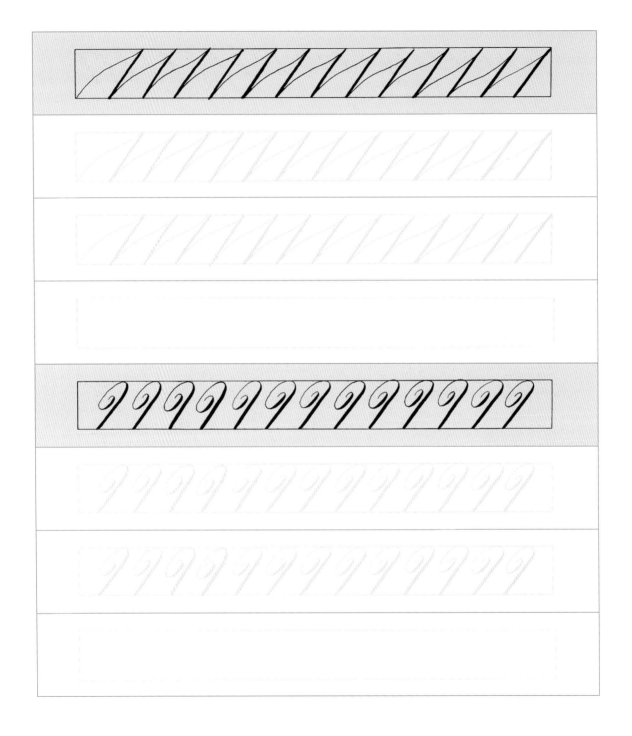

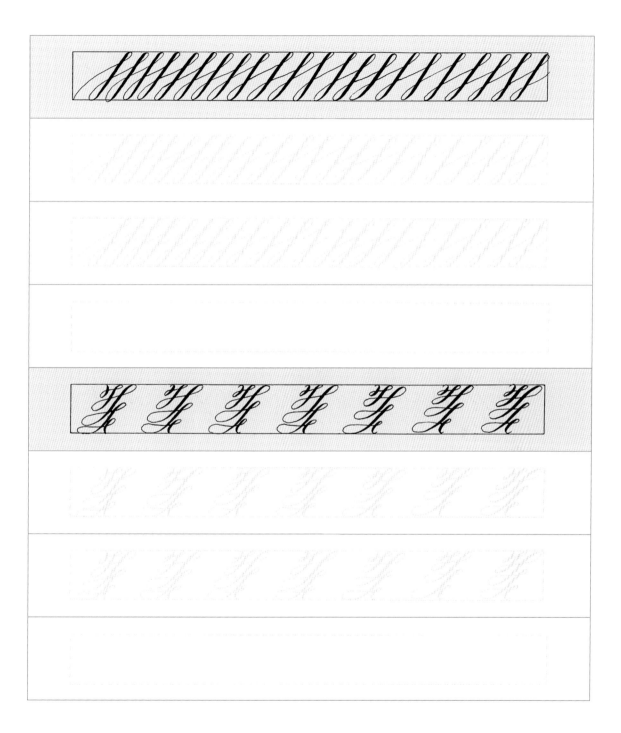

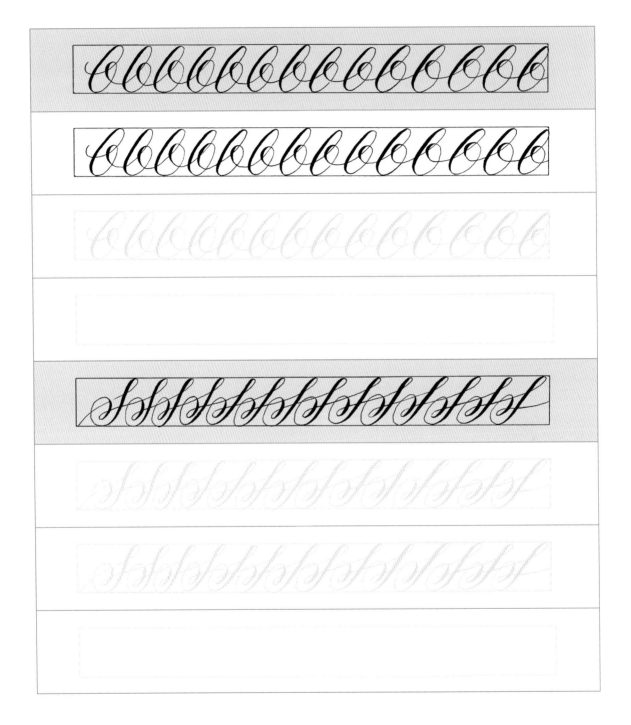

딥펜 모던 영문 캘리그라피 소문자 쓰기

★ **재료** : 딥펜(헌트 22B 엑스트라파인) | **본문** : 321쪽

a			
b			
c			
d			
e			
f			

g

h

i

j

k

l

m				
n				
o				
p				
q				
r				

s	s	s	s	
t	t	t	t	
u	u	u	u	
v	v	v	v	
w	w	w	w	
x	x	x	x	

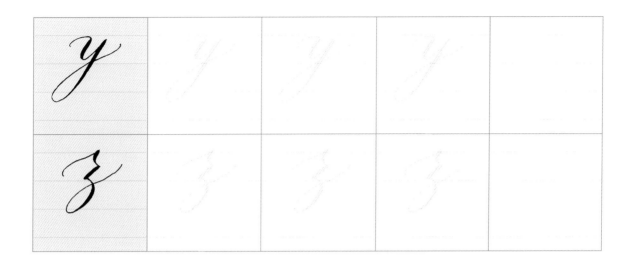

37 딥펜 모던 영문 캘리그라피 대문자 및 숫자, 기호 쓰기

★ 재료 : 딥펜(헌트 22B 엑스트라파인) | 본문 : 323쪽

$\mathcal{D}$	$\mathcal{D}$	$\mathcal{D}$	$\mathcal{D}$	
$\mathcal{E}$	$\mathcal{E}$	$\mathcal{E}$	$\mathcal{E}$	
$\mathcal{F}$	$\mathcal{F}$	$\mathcal{F}$	$\mathcal{F}$	
$\mathcal{G}$	$\mathcal{G}$	$\mathcal{G}$	$\mathcal{G}$	
$\mathcal{H}$	$\mathcal{H}$	$\mathcal{H}$	$\mathcal{H}$	
$\mathcal{I}$	$\mathcal{I}$	$\mathcal{I}$	$\mathcal{I}$	
$\mathcal{J}$	$\mathcal{J}$	$\mathcal{J}$	$\mathcal{J}$	

$\mathcal{K}$				
$\mathcal{L}$				
$\mathcal{M}$				
$\mathcal{N}$				
$\mathcal{O}$				
$\mathcal{P}$				
$\mathcal{Q}$				

R

S

T

U

V

W

X

𝒴				
𝒵				
1				
2				
3				
4				
5				

6	6	6	6	
7	7	7	7	
8	8	8	8	
9	9	9	9	
0	0	0	0	
&	&	&	&	
!	!	?	?	

딥펜 이미지 플로리싱 활용법

★ 재료 : 딥펜(헌트 22B 엑스트라파인) | 본문 : 325쪽

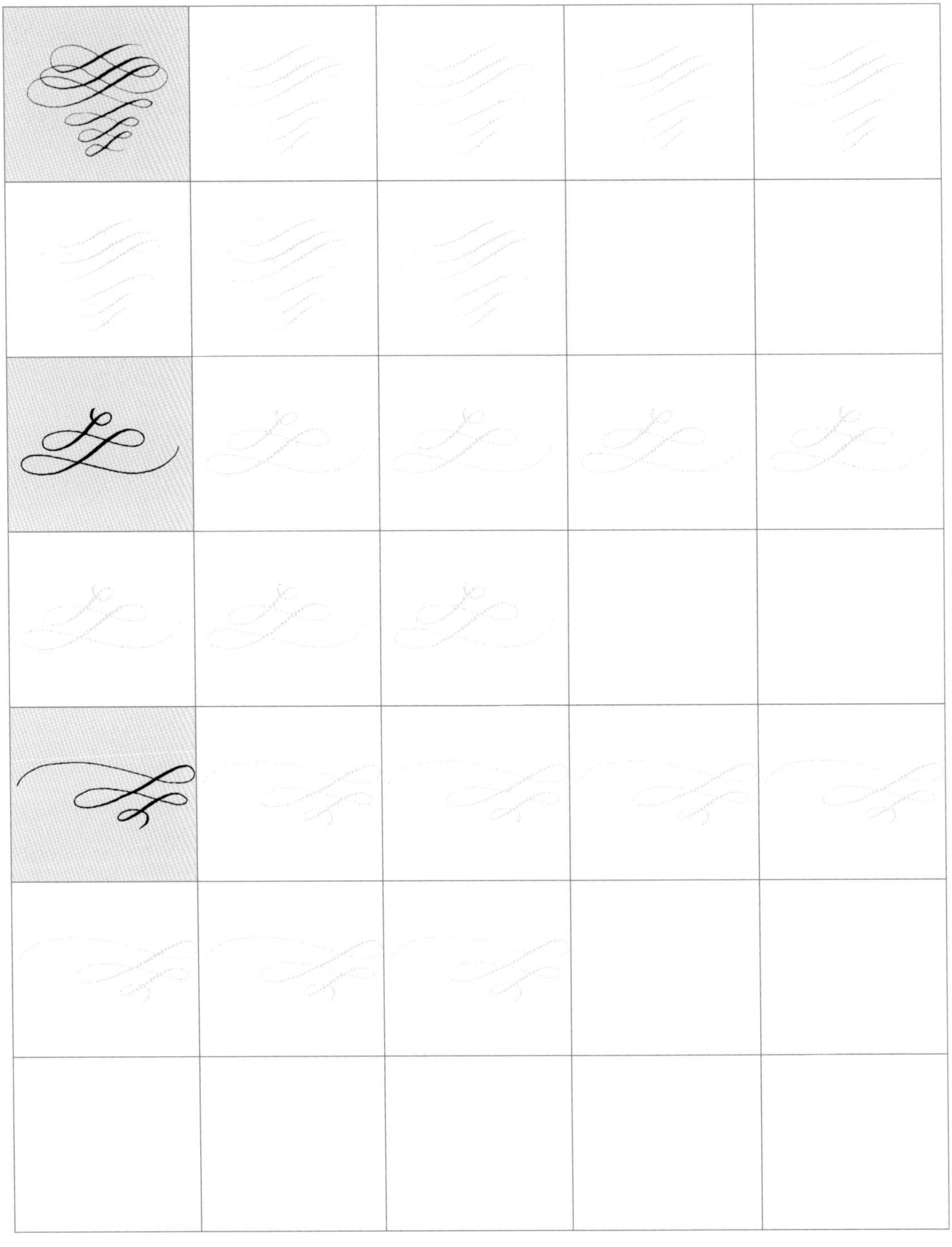

딥펜 간단한 이미지 따라 그리기

★ 재료 : 딥펜(헌트 22B 엑스트라파인) | 본문 : 326쪽

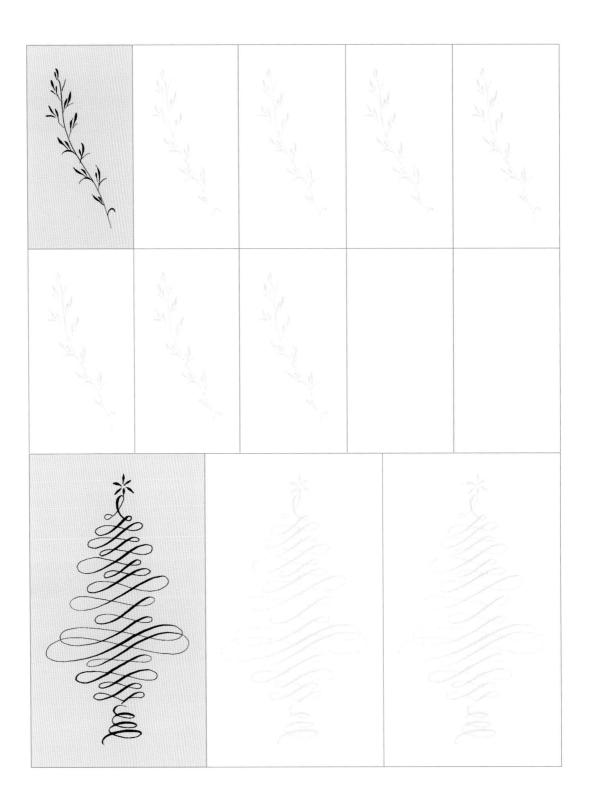

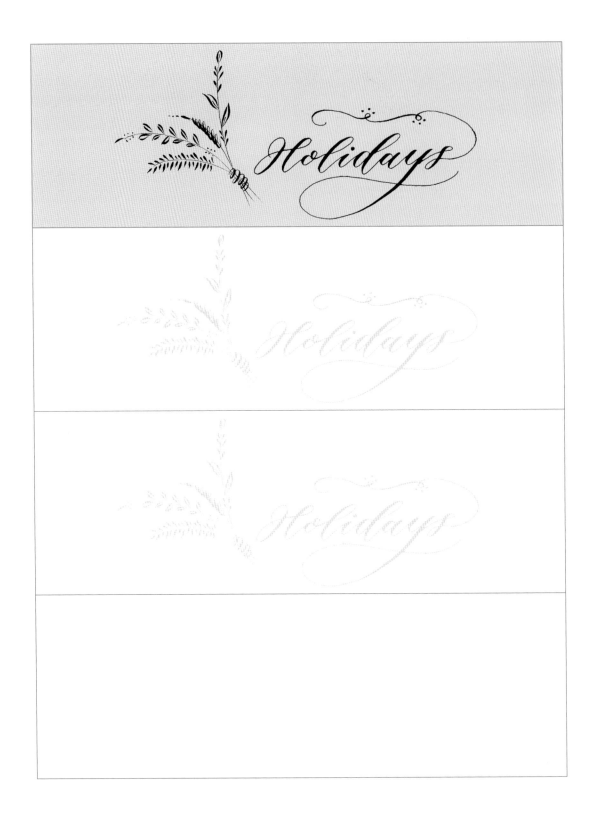

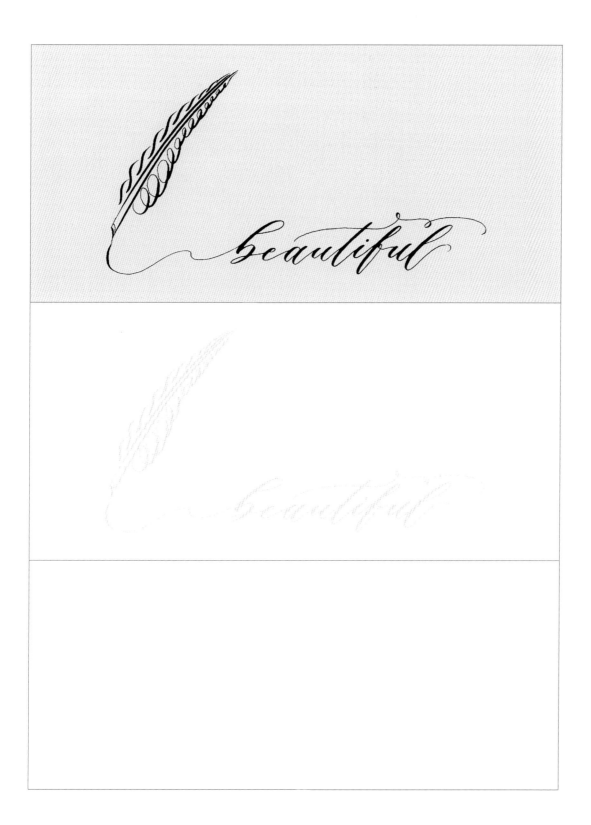

beautiful

딥펜 모던 영문 캘리그라피 단어, 문장 쓰기

★ 재료 : 딥펜(헌트 22B 엑스트라파인) | 본문 : 327~329쪽

Moonlight

wedding

Bridal

Bridal

Bridal

Dreamer

Dreamer

Dreamer

Sunshine

Sunshine

Sunshine

Sunshine

Love story

Love story

Love story

Love story

tea time

tea time

tea time

tea time

tea time

Modern Calligraphy

Modern
Calligraphy

Modern
Calligraphy

Modern
Calligraphy

Modern
Calligraphy

Make today magical

Be the change
you wish
to see in
the world

Be the change
you wish
to see in
the world

Be the change
you wish
to see in
the world

Be the change
you wish
to see in
the world

Be the change
you wish
to see in
the world

No man truly
has joy unless he
live in love

41 붓펜 브러시 영문 캘리그라피 기본획 쓰기

★ **재료** : 펜텔 붓펜(쿠레타케 22호) | **본문** : 338쪽

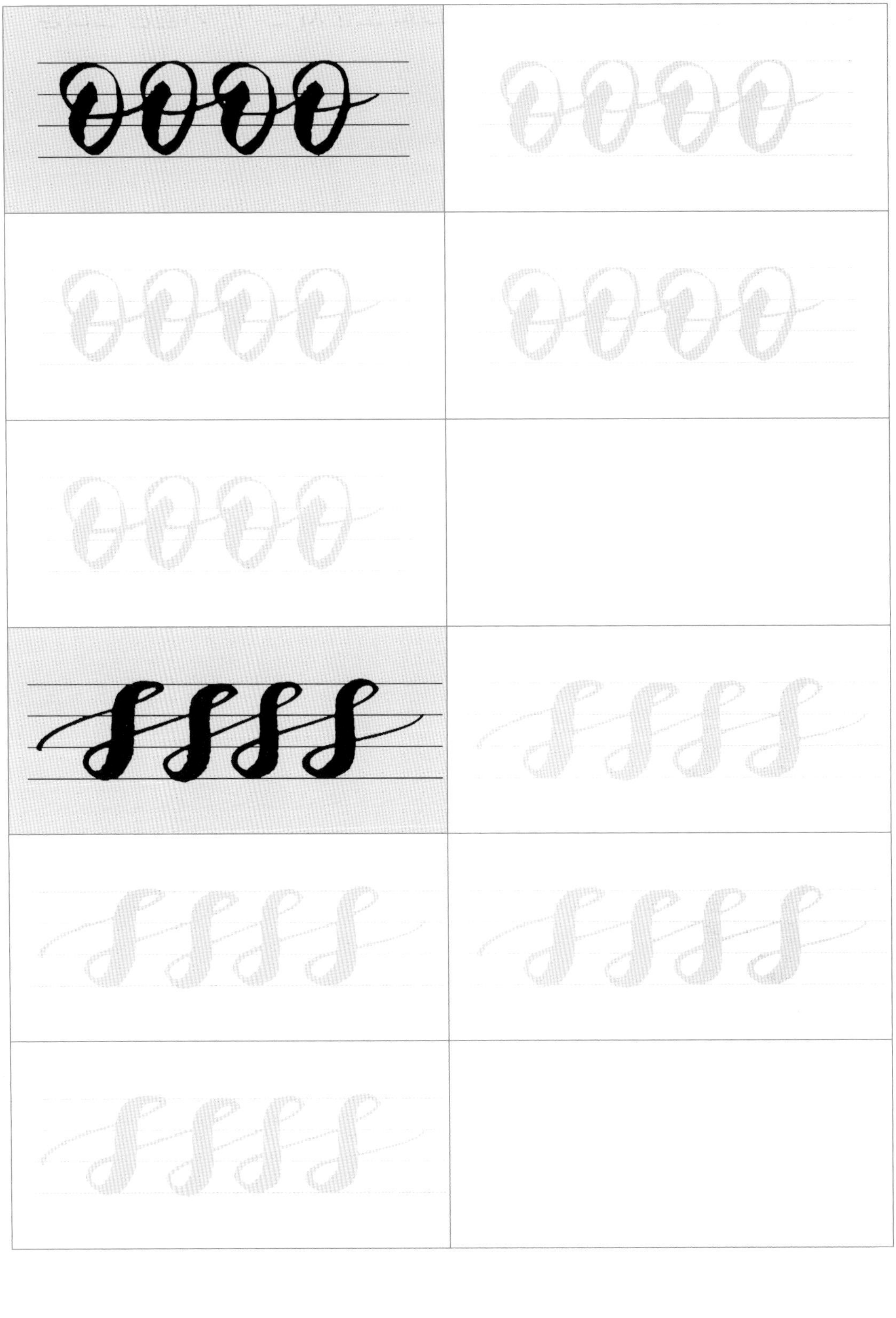

붓펜 브러시 영문 캘리그라피 소문자 쓰기 - 기울임 스타일

★ 재료 : 펜텔 붓펜(쿠레타케 22호) | 본문 : 339쪽

a	*a*	*a*
b	*b*	*b*
c	*c*	*c*
d	*d*	*d*

e

f

g

h

i

j

k

l

m

n

t

u

v

w

x

y y y

z z z

43 붓펜 브러시 영문 캘리그라피 소문자 쓰기 - 직선 스타일

★ 재료 : 펜텔 붓펜(쿠레타케 22호) | 본문 : 341쪽

a	a	a	a	
b	b	b	b	
c	c	c	c	
d	d	d	d	
e	e	e	e	
f	f	f	f	

g	g	g	g	
h	h	h	h	
i	i	i	i	
j	j	j	j	
k	k	k	k	
l	l	l	l	
m	m	m	m	

n	n	n	n	
o	o	o	o	
p	p	p	p	
q	q	q	q	
r	r	r	r	
s	s	s	s	
t	t	t	t	

u	u	u	u	
v	v	v	v	
w	w	w	w	
x	x	x	x	
y	y	y	y	
z	z	z	z	

A			
B			
C			
D			
E			
F			

$\mathcal{G}$	$\mathcal{G}$	$\mathcal{G}$	
$\mathcal{H}$	$\mathcal{H}$	$\mathcal{H}$	
$\mathcal{I}$	$\mathcal{I}$	$\mathcal{I}$	
$\mathcal{J}$	$\mathcal{J}$	$\mathcal{J}$	
$\mathcal{K}$	$\mathcal{K}$	$\mathcal{K}$	
$\mathcal{L}$	$\mathcal{L}$	$\mathcal{L}$	
$\mathcal{M}$	$\mathcal{M}$	$\mathcal{M}$	

U	U	U	
V	V	V	
W	W	W	
X	X	X	
Y	Y	Y	
Z	Z	Z	
I	I	I	

2			
3			
4			
5			
6			
7			
8			

9	9	9	
O	O	O	
&	&	&	&
&	&	&	
!	!	!	!
?	?	?	?
.	.	.	

A			
B			
C			
D			
E			
F			

G   *G*   *G*   *G*

H   *H*   *H*   *H*

I   *I*   *I*   *I*

J   *J*   *J*   *J*

K   *K*   *K*   *K*

L   *L*   *L*   *L*

M   *M*   *M*   *M*

n	n	n	n	
o	o	o	o	
p	p	p	p	
Q	Q	Q	Q	
R	R	R	R	
S	S	S	S	
T	T	T	T	

u u u u

v v v v

w w w w

x x x x

y y y y

z z z z

46 붓펜 브러시 영문 캘리그라피 단어 쓰기

★ 재료 : 펜텔 붓펜(쿠레타케 22호) | 본문 : 347~348쪽

Birthday

Birthday

Birthday

Birthday

wonderful

wonderful

wonderful

wonderful

Joy

welcome

welcome

welcome

welcome

Victory

Smile Smile

Smile Smile

Smile

home home

home home

home

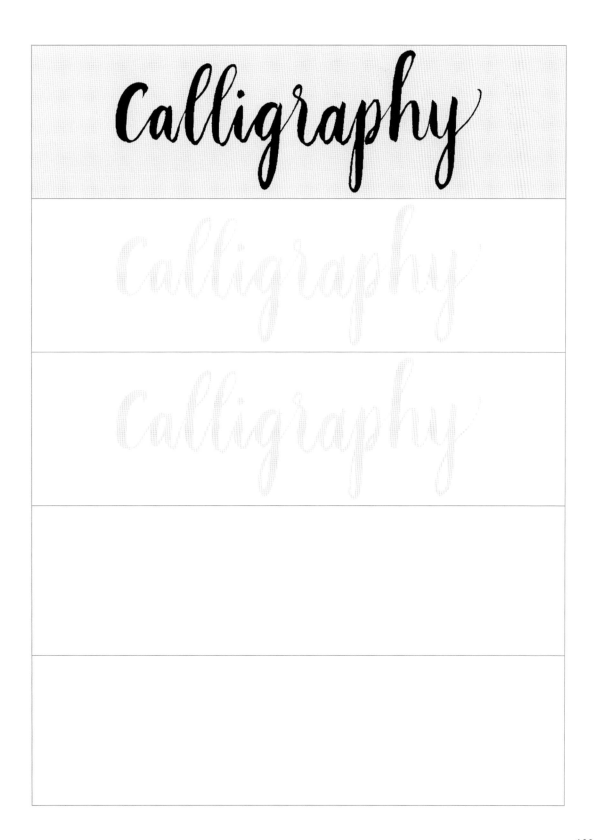

Calligraphy

붓펜 브러시 영문 캘리그라피 문장 쓰기

★ 재료 : 펜텔 붓펜(쿠레타케 22호) | 본문 : 349~350쪽

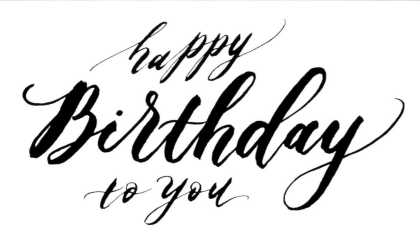

happy Birthday to you

happy Birthday to you

the beginning of
anything you want

the beginning of
anything you want

the beginning of
anything you want

the beginning of
anything you want

the beginning of
anything you want

may this
New Year
all your
wishes turn
into reality

may this
New Year
all your
wishes turn
into reality